Thomas Merkle

Die Gischt

Roman

Danke Holger.

Die Rückkehr

Er hatte mit „Mein Tagebuch 1 + 2" seinen Durchbruch. Danach wurde es ziemlich still um ihn.
In seinen Texten ist er ziemlich ehrlich. Mit einem neuen Werk kehrt er auf die öffentliche Bühne zurück.
In einem Exklusiv-Interview für eine angesehene Tageszeitung, stellte er sich den Fragen eines Journalisten.

Journalist: Herr Merkle, Sie sehen abgespannt aus.

Merkle: Die letzten Monate waren hart. Ich bin froh, dass es jetzt vorbei ist.

Journalist: Soll das heißen, dass Sie keinen Spaß bei der Arbeit an Ihrem neuen Werk hatten?

Merkle: Sie verstehen das vollkommen falsch. Ich hatte riesigen Spaß. Aber das letzte Drittel dieser Arbeit war sehr schwer, da handwerkliches Geschick vorwiegend gefragt war und nicht die Entwicklung neuer Ideen.

Journalist: Können Sie das näher erläutern?

Merkle: Am Anfang jeder Arbeit steht doch das Entwickeln eines Gerüstes. Wo will ich hin? Wie will ich dort hin? Am Schluß müssen die Ideen umgesetzt werden. Das ist sehr monoton.

Journalist: Sie haben einige neue Charaktere für dieses Buch geschaffen. Wie schwer war es für Sie, sich auf diese einzulassen?

Merkle: Ich hatte überhaupt keine Berührungsängste. Es hat mir sogar eine Menge gebracht. Sehen Sie, frisches und unbeeinflusstes Blut gibt dem Ganzen eine spezielle Färbung. Ich sage immer, die Mischung macht es.

Journalist: Wir können also davon ausgehen, dass diese Erfahrung Ihre Kreativität positiv beeinflusst hat?

Merkle: Das können Sie.

Journalist: Ihre letzte Arbeit ist aus dem Jahr 2003. Warum haben wir solange nichts mehr von Ihnen gehört?

Merkle: Weil ich keine neue Idee hatte.

Journalist: Stimmt es, dass Sie dieses Projekt nur machen, weil Sie knapp bei Kasse sind?

Merkle: Das ist aber nett, dass Sie sich um mich sorgen. Das ist nicht der Fall. Ich habe auch an meinen beiden ersten Projekten sehr gut verdient.

Journalist: Was sagen Sie unseren Lesern zum Schluß?

Merkle: Kaufen Sie das Buch.

Journalist: Herr Merkle, ich danke ihnen für das Gespräch.

Kapitel 1

Samstag. 14.30 Uhr. Vor mir lag das Schiff, mit dem ich die nächsten Tage unterwegs sein würde. Tage voller Erholung und Genuß. Wenige Wochen zuvor war an so etwas noch gar nicht zu denken. Ich konnte nicht ahnen, dass ich bei einem Preisausschreiben gewinnen würde. Hoffentlich liegt meine Kabine nicht neben dem Maschinenraum, dachte ich so bei mir.

Mit einem Lächeln im Gesicht und einem großen Koffer in der Hand machte ich mich auf, an Bord zugehen.

Ich stand in einer endlosen Schlange zum „Einchecken". Und während ich gedankenverloren so wartete, huschte jemand an mir vorbei und stieß mir dabei mit seinem Ellenbogen in die Rippen. Ich sah die Person schattengleich in der Menge verschwinden.

Woher kannte ich sie nur?

„Guten Tag und herzlich Willkommen an Bord, der Herr! Ich hoffe, Sie hatten eine gute Anreise. Darf ich bitte Ihr Ticket sehen?"

Etwas verworren zog ich es aus meiner Jackentasche und hielt es in die Richtung, aus der diese engelsgleiche Stimme kam.

„Ich bin Marilyn, Marilyn Monrow. Ich bin Stewardeß hier an Bord. Ah, Sie sind der

Gewinner dieser Kreuzfahrt. Folgen Sie mir und geben Sie Francesco Ihren Koffer."

Wir gingen schnellen Schrittes die Haupttreppe nach oben. 3 Etagen später standen wir vor meiner Kabine, die in einem endlosen Schlauch lag.

„Da sind wir. Das ist die Gunther-Sachs-Suite. Treten Sie ein."

Geräumig und elegant war meine Kabine eingerichtet. Durch das Panoramafenster hatte ich einen wunderbaren Blick auf das Meer.

„Wenn Sie Wünsche haben, brauchen Sie einfach nur das Telefon zu benutzen und die 6 drücken. Vanessa und Madeleine stehen Ihnen rund um die Uhr zur Verfügung.

Francesco, stelle den Koffer des Herren hier ab! Um 16 Uhr gibt es einen Empfang. Bis dann."

Mit der Front zu mir verließen beide mein Zimmer.

Zuerst einmal machte ich ein gehöriges durcheinander in meiner Kabine. Das Zimmermädchen sollte schon etwas zu tun haben. Danach packte ich meinen Koffer aus und verstaute die Sachen im Schrank.

17 Uhr. Ich stand im großen Empfangssaal und hielt ein frisch gepresstes Glas Champagner in der Hand. Kapitän Holz machte eine sehr lange Ansprache, wobei er sich immer mehr in seinen Sätzen verstrickte. Der Hotelmanager fuhr

elegant dazwischen und beendete den offiziellen Teil des Empfangs mit einer gewissen nonchalance.

Ich wurde fast jedem Mitglied der Crew vorgestellt. Dass war nicht nur für mich ermüdend.

Nach dieser Veranstaltung folgte sofort das Abendessen. Ich saß an einem Tisch mit einem schwulen Pärchen und einer alten Jungfer. Alexandre, Marc-Albert und ich kamen sofort ins Gespräch. Tiffy, so nannte ich immer die ältere Dame, war *not amused* über ihre Tischnachbarn. Besonders Alexandre war mitteilungsbedürftig.

„Also ich reite lieber ohne etwas dazwischen. Ich muß den Rücken spüren. Dadurch entsteht eine noch engere Bindung zwischen uns, und ich habe eine bessere Kontrolle über das was passiert. Es gibt nichts Besseres."

„Also ich muß schon bitten. Das gehört doch wohl nicht hier an den Tisch", fuhr Tiffy dazwischen.

„Wieso? Mein Pferd *Runaway* ist froh, dass ich beim Ausritt keinen Sattel benutze. Die Indianer haben das auch gemacht.

Pferde sind mein Hobby."

Ich konnte mir ein Grinsen nicht verkneifen.

Ich ließ diesen ersten Abend gemütlich an der Bar ausklingen.

Kapitel 2

Am nächsten Morgen wachte ich um 8 Uhr auf. Neben dem Bett stand Madeleine und zog sich ihre Arbeitsuniform an.

„Ich muß mich beeilen. Niemand von der Crew darf mich aus Deinem Appartement kommen sehen. Wegen Dir verliere ich noch meinen Job."

„Was kann ich denn dafür? Ich wollte doch nur, dass man mir ein Baguette bringt, weil ich einen Heißhunger darauf hatte. Ich konnte doch nicht ahnen, dass Du Dich stattdessen um mein körperliches Wohlergehen kümmern würdest."

„Ist schon gut. Ich muß weg."

Ich machte mich dann auch fertig und ging zum Frühstücksbuffet. Die beiden Wärmekraftwerke und Tiffy waren noch nicht aufgestanden. So konnte ich in Ruhe das Frühstück genießen. Danach konnte ich endlich mal den ersten Rundgang über das Schiff machen. Jede Menge Mode- und Schmuckläden reihten sich wie an einer Perlenschnur aneinander. In einem Sportgeschäft kaufte ich mir eine Badehose, da meine nicht mehr den besten Eindruck machte. Schließlich sollte Willi ordentlich verpackt sein und nicht nach dem Motto „Free Willi" dumm dastehen.

Müsli-Geschäfte wie *„Knäcke-Corner"* oder Handy-Geschäfte wie *„Wo - da vorn"* waren genauso vertreten wie Geschäfte für feuchte, trockene und Mischhaut. Sogar einen Friseurladen für Hunde gab es.

Da geh ich doch mal rein, dachte ich so bei mir. So etwas hatte ich vorher noch nie gesehen. Leider schien keiner da zu sein. Also schaute ich mich um. Von Hundehalsbändern (mit Diamanten besetzt) über Pflegespülungen und Haarspray für die lieben Vierbeiner war alles vorhanden. Während ich mich umsah, nahm ich Stimmen wahr. Sie kamen aus dem Raum, der sich hinter der Ladentheke befand. Ich näherte mich also vorsichtig den Stimmen und stellte meine Lauscher auf den Abhörmodus ein. Tatsächlich konnte ich diesem Gespräch folgen.

„Mensch Alter. Wir müssen uns was Neues einfallen lassen. Dein Pausenbrot-Gesicht will keiner mehr sehen. Die ganzen Igel-Schnäuzchen laufen uns sonst noch weg. Und ich kann mir doch nicht alle 2 Monate meinen Feldmarschall-Stab brechen, damit wir im Gespräch bleiben. Außerdem habe ich auch noch meine Mokkabohne abgeschossen, um mit einer Perserin und einer Göre namens Stefania Schlagzeilen zu machen. Jetzt musst Du auch etwas tun, damit wir nicht ganz schnell vergessen werden. Auch in den Ostblock-Ländern sind wir nicht mehr die Nummer eins."

„Ja Dieter, aber was soll ich machen. Ich kann doch nicht wieder meine Halskette anziehen."

„Natürlich nicht, Mr. Toastbrot. Wir müssen back zu den Wurzeln. Wir hatten doch den großen Erfolg, als Du noch Deine Ich-fühle-mich-als-Frau-Matte hattest."

„So etwas wächst aber nicht einfach über Nacht."

„Das weiß ich auch. Deswegen sind wir ja hier. Vielleicht kann uns dieser Herr weiterhelfen."

„Also meine Herren, ich sehe Ihr Problem. Nicht ganz so einfach die Sache. Sie wollen also, dass Ihr Partner seine Haarpracht von früher wieder hat."

„Genau, alte Pudelfriteuse."

„Da bleibt nur eine Möglichkeit. Dazu brauche ich mein Pferd Rih. Zum Glück ist es an Bord, da ich gerne auch auf hoher See mal ausreite. Also ich werde den Schweif meines Pferdes stutzen und dieses Haar in seine Kopfhaut implantieren."

Als ich das hörte, wurde es mir ganz *anders*.

„Das klingt ja wunderbar, dann habe ich nachts wieder etwas zum kuscheln. Das ist großartig Dieter."

Der Deal stand.

Ich machte mich schnell davon.

Hoffentlich ist ihr Plan nicht aufgegangen.
Es war Mittag. Zeit für eine kleine Stärkung.
Diesmal saß ich mit Tiffy alleine am Tisch. Das
Tischgespräch mit ihr war mühsam. Nach dem
Essen zog sie sich sofort wieder zurück.
Glück gehabt.

Kapitel 3

Die Sonne strahlte vom Himmel, als ich so über das Deck schlenderte. Ich setzte mich an die Bar und trank einen „Blue Pacific". Die Leute waren ausgelassen und erfreuten sich des Lebens. Was wohl Tiffy so machte? Saß sie möglicherweise bei diesem Wetter in ihrer Kabine? Ich konnte es mir nicht vorstellen. Man macht schließlich keine Kreuzfahrt, um nur auf seinem Zimmer zu bleiben. Doch ich sollte noch staunen.

„Darf es noch etwas sein, der Herr?"

„Mach mir einen *Green Leguan*, Frank."

„Kommt sofort. Ist das Ihre erste Kreuzfahrt?"

„Ja. Es ist etwas ungewohnt. Aber sich bedienen zu lassen, ist auch nicht verkehrt."

„Hier ist Ihr *Green Leguan*. Wissen Sie, ich fahre jetzt schon 3 Jahre auf diesem Schiff und es wird mir nie langweilig."

„Hoffentlich werde ich mich die nächsten Tage auch nicht langweilen."

„Bestimmt nicht."

Damit sollte er richtig liegen. Ich genoß die Aussicht auf das große blaue Meer und ließ meine Gedanken schweifen. Nur ein kleines Murmeln war, wie aus der Ferne, zu hören. Es setzte sich hartnäckig in meinem Ohr fest. Es wurde immer lauter. Es riß mich aus meinen

Gedanken ins Jetzt zurück. Ich schaute in die Richtung, aus der der Lärm kam. Vor dem Pool stand eine Traube von Frauen. Sie schnatterten und kicherten, wie man es von ihnen nur kennt, wenn sie ganz losgelöst sind von Konventionen. Also, wenn sie unter sich sind. Der Grund für ihr Verhalten, war mir nicht ersichtlich. Ich ging also zu diesem Unruheherd und wühlte mich hindurch. Da stand er. Sonnenbrille auf, frisch gestyled und ein breites Grinsen im Gesicht.
„Hallo Mädels. Ich bin der schöne Michael, ihr könnt mich Mike nennen."
Ein Playboy wie er im Buche steht.
„Was für ein Mann", raunte eine Frau neben mir.
„Ladies, schaut her."
Mike posierte vor ihnen. Sie waren total verzückt. Ich musste aufpassen, dass dieser aufgeheizte Mob mich nicht niedertrampelte.
„Ich zeige Euch jetzt etwas ganz besonderes. Schaut her, so etwas habt Ihr noch nie gesehen."
Daraufhin riß er sich sein Hemd vom Körper. Dann spannte er seine Bauchmuskeln an und spielte mit ihnen zum Vergnügen der Frauen.
„Schaut genau hin. Sieht das nicht wie ein Gebirge aus?"
Was sollte das denn werden? So etwas Erbärmliches. Da steht also ein Mann vor einem Haufen geifernder Frauen und spielt mit seinen Bauchmuskeln rum. Kein Wunder werden wir

Männer als primitiv angesehen. Ich musste etwas unternehmen.

„Schaut mal hierher", schrie ich und riß mir in diesem Moment mein Hemd vom Körper.

„Was er mit seiner lächerlichen Übung zeigen kann, ist gerade mal das Siebengebirge. Ich zeige Euch aber die Alpen."

„Oohhh", stöhnten die Frauen im Chor. Sie umzingelten mich. Jede wollte bei mir ein Ticket für die Zugspitze lösen. Ich konnte leider (oder zum Glück) nicht allen eine Fahrt auf diese gestatten. Natürlich aus Sicherheitsgründen. Und jetzt ratet mal, wer auch ein Ticket wollte (aber nicht bekam). Richtig, Tiffy.

Den restlichen Tag verbrachte ich in einer Liege und laß in einem Buch. Das anschließende Abendessen war vorzüglich.

Das Motto der Abendveranstaltung war „Samba-Night". Das hörte sich interessant an. Ich ging auf mein Zimmer und zog mich für den Anlaß entsprechend an. Einigen Frauen vom Pool hatte ich ein Tänzchen versprochen. Kurz vor 21 Uhr ging ich dann in den großen Ballsaal.

Am Eingang begrüßte mich Frau Monrow. Sie sagte mir, ich könne mich auf eine herrliche Veranstaltung freuen.

Der Abend konnte beginnen.

Kapitel 4

Die Kapelle nahm ihren Platz ein und spielte sich warm. Ich, der nicht gerade als begnadeter Tänzer bekannt war, machte auch erst ein paar gymnastische Übungen. Als Tanzpartnerin hatte ich eine 29jährige Britin, die mir erzählte, dass Tanzen ihre Leidenschaft wäre.

Punkt 21 Uhr wurde der Saal abgedunkelt. Ein Trommelwirbel setzte ein. Dann wurde das Spotlight auf die große Eingangstür des Saales gerichtet. Die Spannung wuchs ins unermessliche. Plötzlich meldete sich über das Mikrophon der Leiter dieser Veranstaltung. Und da stand er auch schon im Spotlight.

„Dä. Dää Dä." Das waren seine ersten Worte an seine Samba-Anhänger. Olivier, der Chef-Steward, wollte uns die wichtigsten Samba-Lektionen beibringen.

„Olé, meine Sexsklavinnen und Lustknaben. Ich heiße Euch herzlich Willkommen bei „Samba-Night". Heiße Rhythmen, schwitzende Körper und rollige Paare. It's Samba-Time."

Die Band ließ Samba-Musik erklingen, zu denen sich Olivier in die Mitte der Tanzfläche begab. Dabei kreisten seine Hüften so stark, dass ich schon dachte, gleich springen ihm die

Oberschenkelknochen aus den Gelenken. Der Junge hatte Rhythmus im Blut.

„Los Ihr reudigen Schlampen, schnappt Euch einen Kerl und los geht es. Ich will Erotik zwischen Euch spüren.

Die Britin suchte den vollen Körperkontakt. Ich wusste nicht, dass britische Frauen so etwas können.

„Oh neeiiiin," schrie Olivier und stand auf einmal neben uns.

„Ihr könnt doch Samba nicht so tanzen. Das ist eine Beleidigung. Ihr müsst viel ordinärer die Hüften kreisen lassen. Viel animalischer, billiger und obszöner muß das Ganze sein."

Zu mir sagte er, ich müsse den Pornostar herauslassen. Sie sollte viel mehr dem Verlangen ihrer Eierstöcke nachgeben. Ich war überrascht über diese Worte. Woher wusste er nur, dass ich vor einigen Jahren noch im Porno-Bereich tätig war?

Schreiend und wild gestikulierende lief er über die Tanzfläche und führte die Paare in die grundlegenden Techniken der Samba ein. Nach einer weiteren halben Stunde stellte sich Olivier ans Mikrophon.

„Und jetzt meine versauten Pfarrerstöchter und Zöllibat-Befürworter tanzen wir zur samtigen Stimme von Frau Stilist. Elfi, komm raus Du Luder!"

Unter großem Applaus betrat sie die Bühne. Die Band stimmte die nächste Nummer an und Frau Stilist legte los. Was für eine Stimme hatte sie. Wir wurden förmlich von dieser Stimme infiziert und drückten über den Tanz die Gefühle aus, die uns übermannten. Willenloser Samba.

Zwei Stunden dauerte die Veranstaltung insgesamt. Ich muß gestehen, dass ich platt war. Danach unterhielt ich mich noch kurz mit Olivier.

„Wie kommt es, dass Sie als Chef-Steward diese Samba-Veranstaltung leiten? Das gehört doch sicherlich nicht zu den originären Aufgaben eines Chef-Stewards, oder?"

„Sie haben vollkommen recht. Aber nennen Sie mich ruhig Olivia. Bevor ich Steward wurde, habe ich zwei Jahre als Tänzer bei Madonna und drei Jahre als 1. Tänzer bei Kylie Minogue gearbeitet. Deshalb bin ich für diese Veranstaltung verantwortlich. Keiner ist so qualifiziert wie ich."

„Verstehe."

Olivier verabschiedete sich bei uns und wir gaben aus Dankbarkeit einen warmen Applaus. Ich wollte in dieser Nacht eigentlich wieder ein Baguette bestellen, aber die Samba-Night hatte mich total ausgelaugt. Ich laß also noch etwas im Lustigen Taschenbuch „Volltreffer für Micky" und schlief ein.

Am nächsten Tag hatte ich vor, den Schiffsarzt aufzusuchen. Da ich ein kleiner Hypochonder bin, musste ich mich über die ärztlichen Versorgungsmöglichkeiten des Schiffes in Kenntnis setzen.
Bsssssssssssss!!!!!!!

Kapitel 5

Am nächsten Tag war ich frisch wie der Morgentau. Das war einer der Tage, bei denen man schon beim Aufstehen weiß: „Das wird mein Tag."

Beim Frühstücksbuffet schlug ich mir erst einmal gehörig den Bauch voll. Danach machte ich mich auf den Weg, den Schiffsarzt aufzusuchen. Mal sehen, was der so alles in seinem Giftschrank hat. Der Doc hatte seine Praxis zwei Decks unter dem Frühstücksdeck. Unten angekommen, schickte mich die Schwester in den Warteraum, der direkt an das Büro des Arztes anschloß. Ich las etwas in der ausliegenden Lektüre *Brave Krankenschwestern in knappen Kitteln*. Währenddessen hörte ich Stimmen aus dem Büro des Arztes. Ich bemerkte erst jetzt, dass die Tür dazu nur angelehnt war. Neugierig wie ich nun mal bin, schlich ich mich an die Tür und lauschte.

„ … und so ist that mit our Kingfamilie."

„Bei uns in Deutschland ist der Adel leider nicht mehr so angesehen. Ich wünschte es wäre anders."

„Aber my lovely Doktor, sein nickt so traurig."

„Sie verstehen nicht, gnädige Frau. Ich selber gehöre einem Adelsgeschlecht an und stehe in direkter Verwandtschaft zu Ihrer Königin. Korrekt heiße ich nämlich Earl von Laub. Aber die Zeiten sind vorbei. Um der Inzucht in der Königsfamilie vorzubeugen, musste mein Ur-Ur-Urgroßvater das Königreich verlassen. Gelegentlich fahre ich mit dem VHS-Kurs in das Land meiner Vorfahren. Einmal hatte ich sogar eine Audienz bei der Königin. Ich klärte sie über unser Verwandtschaftsverhältnis auf. Die Freude stand ihr ins Gesicht geschrieben. Bevor ich wieder ging, tat ich etwas ganz Verrücktes, ich gab ihr einen Abschiedskuss auf die Nasenspitzen. Das macht man so bei uns im Ort. Wir sind eben noch eine sehr herzliche Gemeinde. Wir beide mussten verschämt kichern."

„Na wenn you die Konigin Ihnen vertrauen, ick werde es also macken. Sehen you, my Problem is …" Leider verstand ich nicht, was die Dame sagte, denn sie flüsterte. Es war ihr wohl unangenehm, über ihr Problem zu sprechen. Der Doktor war da eher ungehemmt und posaunte förmlich seine Behandlungsmethode in den Raum.

„Eine starke Reinigung und Kräftigung erfährt ihr Genitalbereich durch die nächtliche Einführung eines mit Leinöl getränkten Tampons. Am Morgen sollte ein völlig reiner weißer Tampon ihren Körper verlassen. Besonders gut nach der monatlichen Blutung."

Also das wollte ich nun wirklich nicht hören.

„Ich wende die Methode mit Erfolg bei mir selber an."

Das wollte ich erst recht nicht wissen.

„Doc, you sind so kompetent. Wo bekomme I den hier so etwas? Believe Sie der Drogerie-Shop hat such a thing im supply?"

"Ich denke schon. Frau Senke-Trenner wird Ihnen sicherlich weiterhelfen können. Wenn nicht, kommen Sie und ich gebe Ihnen eine von meinen Reservepackungen."

„Thank you very much. I werde mick immediately auf der Weg macken."

Jetzt war höchste Eile geboten. Ich setzte mich schnell wieder auf meinen Platz und las interessiert den Artikel über die *Arbeitsschutzmaßnahmen einer unbedarften Oberschwester.*

Die Tür ging auf und es trat meine Tanzpartnerin vom vorherigen Abend aus dem Büro.

„See you", hauchte sie in das Büro des Arztes.

Sie ging ohne mich zu bemerken.

Eine Weile tat sich nichts.

„Der nächste bitte", ertönte es aus dem Arztzimmer.

Ich legte die Fachlektüre bei Seite und stand auf.
Mir war es etwas unwohl zu Mute nach dem
Gespräch, das ich belauscht hatte.
<<Reiß dich zusammen. Du willst dich ja nur
informieren. Wahrscheinlich wirst du den Arzt
sowieso nicht in Anspruch nehmen müssen>>,
dachte ich so bei mir.
Ich trat also in das Büro ein und lies meinen
Blick durch den Raum schweifen. Da saß er also
an seinem Schreibtisch und schrieb gerade etwas
in eine Akte.

Kapitel 6

„Guten Tag. Ich bin Dr. Laub. Womit kann ich Ihnen helfen?"

Er stand auf und kam mir mit ausgestreckter Hand entgegen. Konnte es war sein? Sollte es möglich sein, dass Joe Cocker hier an Bord der Schiffsarzt war?

Er drückte mir die Hand. Wow, dieser Händedruck konnte mühelos ein Weißbrot zerdrücken. Ich verzog vor Schmerz leicht das Gesicht.

„Guten Tag. Ich möchte mich eigentlich nur über die medizinische Ausstattung an Bord informieren. Ist so eine kleine Macke von mir. Ich fühle mich dann immer sicherer, wenn die Qualität der Ausstattung mich überzeugt hat."

„Kein Problem. Folgen Sie mir bitte."

Wir gingen durch die Bettenzimmer und schauten uns den Medizinschrank an. Alles war auf dem neuesten Stand. Zum Schluß ging es noch in den OP-Saal.

„Der Saal wurde erst vor einem halben Jahr neu eingerichtet. Von Schönheitsoperationen bis zu Geburten durch Kaiserschnitt ist alles möglich."

Er nahm dabei eine Nierenschale und schaute in sein Spiegelbild.

„Mein Gott habe ich wieder viel Wolle auf dem Kopf. Ich muß mir unbedingt einen Termin beim Friseur besorgen. Wissen Sie, ich liebe es, wenn der Wind durch mein Haar bläst. Bei der Matte ist das aber nicht mehr möglich."

Ich bedankte mich bei Dr. Laub und verließ die Krankenstation.

Eigentlich wollte ich wieder zurück an Deck, aber ich verlief mich in den Gängen. Irgendwann hatte ich die Übersicht total verloren. Wo war ich nur? Am Flurende ging ich gerade um die Ecke, als ich den Mann bemerkte, der vor einer Zimmertür stand. In der linken Hand hielt er eine Tasche und mit der rechten Hand richtete er den Sitz seines Jacketts. Ich ging vorsichtig wieder in den Flur zurück, aus dem ich gekommen war und verfolgte das Geschehen aus sicherer Distanz. Er klopfte an die Tür. Nach einiger Zeit öffnete sich diese.

„Guten Tag, gnädige Frau. Mein Name ist Patili. Entschuldigen Sie die Störung."

„Ich hoffe, Sie haben einen guten Grund dafür. Was kann ich für Sie tun?

„Sie können nichts für mich tun, ich kann etwas für Sie tun."

„Und was soll das sein?"

„Nun, ich würde Ihnen gerne meinen kleinen Kobold zeigen. Darf ich kurz reinkommen, damit ich ihn auspacken kann. Sie sollen ihn schließlich in voller Pracht und in Aktion sehen."

Einen Moment lang war Stille eingekehrt.

„Sie Schwein. Was fällt Ihnen eigentlich ein. Ich bin eine anständige Frau."

Klatsch. Und schon hatte sie ihm eine saftige Ohrfeige gegeben. Kurz darauf fiel die Tür mit einem lauten Knall ins Schloß.

„So war das doch gar nicht gemeint", sprach der gute Herr Patili zur geschlossenen Tür.

„Ich bin nur ein Staubsaugervertreter und wollte Ihnen unser neuestes Handstaubsauger-Modell vorführen."

Doch die Tür blieb verschlossen.

Enttäuscht und mit hängendem Kopf ging der gute Mann von dannen. Ich muß gestehen, dass ich die Frau verstehen konnte. Bei so einem Spruch muß man mit solch einer Reaktion rechnen.

Ich rannte schnell zu Hernn Patili. Ich klärte ihn über das „Mißverständnis" auf. Nach zwanzig Minuten hatte er endlich begriffen, worin das Problem in seiner Präsentation lag. Er bedankte sich bei mir und machte sich sofort auf den Weg, um mit einem neuen Konzept durchzustarten.

Ich wollte gerade meine Suche nach dem Sonnendeck fortsetzen, als ich ein Klopfen an der Tür hörte, an der sich Herr Patili mit wenig Erfolg versucht hatte. Ich versteckte mich hinter einer Palme, die im Flur stand. Vorsichtig schob ich einige Blätter bei Seite. Die Neugier hatte mich gepackt.

Ein Mann stand vor der Tür. Nervös zupfte er an seinem Bart und fuhr sich einige Male durch sein Haar. Schnell zog er noch einen Handspiegel aus der Hosentasche, schaute rein und strich sich mit seinen Finger die Augebrauen zurecht.

Kapitel 7

Es war mal wieder der Playboy Mike. Er setzte sein bestes Gesicht auf und wartete.

Die Tür ging auf.

„Da bist Du ja", hörte ich eine laszive Stimme sagen. "Ich habe auf Dich gewartet. Komm rein. Hast Du Lust auf eine Partie Schach?"

„Ich bin dabei." Mike ging in das Zimmer. Die Tür fiel zu.

Was lief da? Ich meine, eben noch mußte ein Staubsaugervertreter die Segel streichen und jetzt kam dieser Mike und sie bat ihn um eine Partie Schach. Ich schlich also auf Zehenspitzen zur Tür und horchte. Zuerst hörte ich nur ein wildes Schnauben. Da ich mich nicht im Schachspiel auskannte, wusste ich das nicht genau einzuordnen. Doch dann hörte ich ihre Stimme.

„Schach. Jetzt sitzt Du aber ganz schön in der Patsche."

„Hmm, was mache ich da bloß?"

„Also ich würde Deinen Turm nehmen und auf „c5" setzen. Damit würdest Du das Schach aufheben und mich gleichzeitig in die Defensive stoßen."

„Dann werde ich das mal …"

„Halt. Laß mich Deinen Turm ziehen."

„Wenn Du willst. Oooh jaaa, ich wusste gar nicht, dass solche Züge mit dem Turm erlaubt sind, he he he."

Was war da so lustig? Es wurde immer rätselhafter. Wenn mir nur einer sagen könnte, was da vorgeht.

„Dää dä," schallte es in mein Ohr. Ich schaute nach rechts und sah Olivier. Mit seinem fröhlichen Grinsen stand er auf einmal so da.

„Was stehst Du hier vor diesem Zimmer?"

„Eigentlich will ich nur wissen, was da drin abgeht."

„Laß mich mal ran." Olivier lauschte ein paar Sekunden. Dann stieß er einen Jauchzer aus und rief, während er hüpfend den Flur entlang rannte, „Oh, lecker Fickificki". Damit war die Sache geklärt. Ich machte mich wieder auf den Weg. Nach einer halben Stunde gelangte ich dann wieder an Deck. Es war mittlerweile schon Mittag. Ich genoß das Essen im gewohnten Kreis von Alexandre, Marc-Albert und Tiffy. Ich hatte mich für Seebarbe in einer leichten Dillsauce entschieden. Diese war nicht filetiert. Dadurch ging das besondere Aroma nicht verloren. Als Nachtisch gab es *Himbeer-Mousse* mit einer *Crème anglaise*. Danach tranken wir zusammen noch einen Cappuccino und unterhielten uns angeregt. Anschließend ging Tiffy zu einer Partie Bridge. Alexandre und Marc-Albert zogen sich in die Bord-Bibliothek zurück. Ich zog es vor, etwas für meine Fitness zu tun. Ich ging also in den Kraftraum. Allerdings war es fast unmöglich einen freien Platz zu finden. Auf den ersten drei Laufbändern waren eine Haitianerin, eine Brasilianerin und eine Südafrikanerin. Topless. Danach kam ein Gerät, an dem das Rudern simuliert wird. Dort saß eine Italienerin. Topless. Auf einem Stepper trainierte eine Inderin. Topless. Auf den Fahrrädern saßen eine Indianerin, eine Venezuelanerin und eine Französin. Topless. Auf einem Tandem befanden zwei Neuseeländerinnen. Topless. Dann stand ich vor einer Bank, auf der eine Schwedin saß. Sie musste Gewichte mittels eines Flaschenzuges nach oben ziehen. Sie war braungebrannt. Blondes Haar. Topless. Der Schweiß glänzte auf Ihrer Haut. Ein Schweißtropfen lief von ihrem Kinn den Hals entlang über ihr rechtes Schlüsselbein weiter hinunter …

„Halt" werdet ihr sagen. Ihr glaubt mir die Geschichte nicht, dass nur halbnackte Frauen in dem Kraftraum waren.

Nun, es ist meine Geschichte und ich erzähle sie so, wie ich will.

Also, wo war ich stehen geblieben? Ah richtig. Ich machte ein paar Bauch-, Po- und Beine-Übungen auf der Matte. Danach ging ich raus in den Pool.

Der Abend war richtig amüsant. Es wurde eine Magieshow aufgeführt. Danach trank ich noch etwas und ging zu Bett.

Kapitel 8

Am nächsten Vormittag traf ich den Hotelmanager auf meinem Weg zum Kiosk. Er steckte sich gerade eine Pfeife an.

„Guten Tag Herr Jörk", sagte ich mit freundlicher Stimme, "können Sie mir etwas über das Schiff erzählen? Mich interessiert die Historie solcher Schiffe ungemein."

„Natürlich, das ist überhaupt kein Problem. Gebaut wurde dieses Schiff in den frühen 70er Jahren. Damals diente es als „Erholungszentrum" für Menschen die an schwerer Bronchitis erkrankt waren. In den 80er Jahren wurde es in erster Linie zum (geheimen) Transport der Nuklearwaffen eingesetzt. Hier gebe ich nur das Stichwort „NATO Doppelbeschluß". In den 90er fuhr es dann auf der Spree. Besonders bei der Loveparade war es immer ausgebucht. Ich bin seit 2000 an Bord."

„Dann ist dieser Kahn schon gute 35 Jahre alt. Ist denn die Schiffselektronik überhaupt noch auf dem Stand der Zeit?"

„Da kann Ihnen jemand anderes viel besser dazu Auskunft geben als ich. Kommen Sie mit."

Ich folgte Herrn Jörg durch die Gänge.

„Ah, da ist er ja. Das ist unser IT-Spezialist. Es hat uns eine Menge Geld gekostet, ihn aus

seinem Vertrag mit Microsoft rauszukaufen. Er ist der Beste in seinem Fach. Er ist der Entwickler von „Winni NT 4.5". Winni, was sagen Sie diesem Herrn bezüglich der Aktualität unserer Bordelektronik und der Bordcomputer?"
„Also, ich sag mal so, wenn das hier nicht ein Schiff wäre, könnten wir einen Kurs zum Mars berechnen und anschließend durch ein Wurmloch reisen. Aber die Schiffseigner sind ja nicht mal in der Lage, einen vernünftigen Warp-Kern bei eBay zu ersteigern. Letztens musste ich einen Tunnel für einen Rechner legen. Dafür brauchte ich die Tunnelnummer, das Tunnelpasswort, die ISBN-Nummer, die PCMACAR-Nummer und die Bingo-Zahlen. Glauben Sie ja nicht, dass der IT-Beauftragte der Reederei in der Lage war, mir die richtigen Codes durchzugeben. Die da oben machen einen auf wichtig, ermöglichen mir aber nicht meine Arbeit zu machen. Das ist noch schlimmer als bei Microsoft. Da hat jeder freie Hand, solange es Bill Gates Milliarden Dollar bringt."
„So ist unser Winni, immer schlecht auf die anderen zu sprechen. Vor ein paar Wochen hatte ich ein Problem mit meinem PC. Ich hatte Urlaub und war zu Hause. Winni befand sich hier an Bord. Ich rief ihn an und sagte ihm, dass mein Rechner abgestürzt sei und ihn nicht mehr hochgefahren bekomme. Er meinte, ich solle den

Hörer über meinen Rechner halten, damit er sich die Sache mal genau angucken könne. Und was soll ich sagen, er stellte fest, dass der Rechner nur noch Schrott war. Er hat dann die Daten via Telefon gesichert. Anschließend habe ich mir einen neuen Rechner gekauft. Der Mann ist einsame Spitze. Er hat jetzt sogar ein Buch geschrieben.

Dessen Titel lautet „*Die IT-Postulate*":

1. Ich bin der Winni, dein Winni. Du sollst nicht andere Winnis haben neben mir.
2. Du sollst den Namen des Winni, deines Winnis, nicht missbrauchen; denn der Winni wird den nicht ungestraft lassen, der seinen Namen missbraucht.
3. Du sollst das Internet heiligen.
4. Du sollst deinen PC und deinen Drucker ehren, auf dass dir's wohlgehe und du lange lebest auf Erden.
5. Du sollst nicht den Monitor zertrümmern.
6. Du sollst nicht den Internet-Anbieter wechseln.
7. Du sollst keine Daten klauen.
8. Du sollst nicht falsch Zeugnis reden wider deinem Winni.
9. Du sollst nicht begehren deines Nächsten Arbeitsspeicher.
10. Du sollst nicht begehren deines Nächsten Laptop und alles, was sein ist.

„Ja, ja, Herr Jörk. Sie machen mich verlegen. Ich muß jetzt wieder was tun. Ich wünsche Ihnen beiden noch einen angenehmen Tag. Übrigens, Ihre Augen werden ganz schwer. Sie werden müde. Sie haben mich nicht gesehen. Ich war nie hier. Wenn ich mit dem Finger schnippe, wachen Sie in 5 Minuten wieder auf und haben alles vergessen.

Kapitel 9

Herr Jörk wurde nach 5 Minuten wieder wach.
Ich stand schon die ganze Zeit herum und rätselte
darüber, warum die Hypnosenummer bei mir
nicht funktioniert hatte. Womöglich war ich
einfach nicht winnikompatibel. Herr Jörg konnte
sich an nichts erinnern.

Uns lief Kapitän Holz über den Weg.

„Herr Jörg. Ich suche Winni. Haben Sie ihn
gesehen?"

„Nein. Vielleicht sitzt er auf irgendeinem Mother
Board und zieht sich ein Pausenbrot rein. Warum
suchen Sie ihn denn?"

„Nun heute kommt doch Tim, die
Urlaubsunterstützung. Für ihn muß noch ein PC
eingerichtet werden."

„Ach, unser Edel-Urlauber. Der kommt immer
zu uns in den Schulferien. Er legt sich meistens
auf das Sonnendeck oder treibt Sport. Zwei
Stunden am Tag setzt er sich dann an den
Computer, erstellt PP-Präsentationen oder Listen
für uns. Damit finanziert er den Urlaub hier an
Bord. Komischerweise hebt seine Anwesendheit
die Stimmung in der Belegschaft. Er ist so etwas
wie der „Gute Geist" auf diesem
Seelenverkäufer. Er ist aber auch ein komischer
Kauz. Trinkt vormittags nur Kakao, Erdbeer-,

Himbeer-, Vanille- oder Bananen-Milch. Wenn es ihn überkommt, spritzt er sich schon mal einen ungekühlten Espresso in die Venen. Und wenn er dann zur Arbeit an seinen PC muß, fährt er von seiner Kabine bis zum Büro mit dem Fahrrad. Total durchgeknallt dieser Typ."
„Wie kommt er auf hoher See hier an Bord? Wird er sich von einem Hubschrauber abseilen?"
„Wo denken Sie hin. Das ist viel zu gefährlich. Er lässt sich etwa 5 sm hinter uns ins Meer schmeißen und schwimmt uns nach. In drei Stunden hat er uns dann eingeholt und klettert an Bord."
Beide entschuldigten sich bei mir, da sie noch einiges zu erledigen hatten.
Ich wollte gerade selber wieder den Weg aufnehmen, da kam mir schnellen Schrittes ein Mann entgegen. Er rannte mich über den Haufen.
„Entschuldigen Sie bitte. Ich habe es eilig."
„Geht klar. Wer sind Sie denn?"
„Ich bin Holger Marström. Ich arbeite hier in der Verwaltung. Ich organisiere und führe die Landausflüge. Außerdem sitze ich im Betriebsrat und vertrete die Interessen der dänischen Minderheit hier an Bord. Mir ist zu Ohren gekommen, dass im Fitness-Raum Frauen topless Sport treiben. Anstatt einer Dänin die Möglichkeit zu geben, dort zu arbeiten, sitzt dort eine Schwedin. Das kann ich als Vertreter der

dänischen Minderheit nicht hinnehmen. Was diese Schwedin da macht, kann eine Dänin zu einem geringeren Gehalt viel besser.

Außerdem ist mir zu Ohren gekommen, dass zum Abendbuffet Rote Grütze serviert wird. Allerdings kommt diese aus den Niederlanden. Ich werde mich dafür einsetzen, dass das nächste Mal nur die gute dänische Rote Grütze serviert wird."

„Ist das nicht ein bisschen kleinlich?"

„Das mag so erscheinen, aber im Kleinen fängt es an und am Schluß werden dänische Urlauber durch slowenische ersetzt. Man kann sogar hier an Bord keine dänischen Löffelbiscuits mehr kaufen. Das kann man schon als Skandal bezeichnen. Soll etwa der Patissier mit qualitativ schlechterem Löffelbisquits aus Finnland seine Tortenböden machen? Wir sind sogar die einzigen Personen an Bord, die einen Aufschlag von 15 % auf alkoholische Getränke zahlen müssen. Wenigstens wird diese Abgabe nach uns benannt, die sogenannte *Dänensteuer*. So, ich muß jetzt weiter zum Kapitän und die Sache klären. War nett sie kennengelernt zu haben."

Herr Marström ging und ich konnte mich von diesem Monolog erholen. Ich ging auf das Oberdeck, auf dem ich mit einem Passagier Badminton spielte. Er war nicht sehr gesprächig, aber darüber war ich auch froh. Dafür war er um einiges besser als ich. Er schickte mich von einer Ecke in die andere. Danach musste ich mir erst einmal eine Line Pfeffer reinziehen und 1 ½ Liter Calvados.

Kapitel 10

Nach dieser Höchstleistung musste ich mich ein wenig abkühlen. Ich sprang in den Pool, den ich zusätzlich noch mit 500 kg Eiswürfeln füllen ließ. Ich war unter ständiger Kontrolle des Bademeisters. Er saß auf einem Stuhl, der ca. 2. Meter hoch war. Als Erkennungszeichen seiner herausgehobenen Stellung trug er eine gelbe Kordel über die rechte Schulter. In der linken Hand hielt er seine Rettungsboje. Auf seiner Badeshorts hatte er ein Abzeichen aufgenäht. Es war das „Seepferdchen mit Rettungsring 1. Klasse". Danilo Komanovski, so hieß der Bademeister, war ziemlich nervös. Er rutschte ständig auf seinem extra für ihn angefertigten Sitzkissen herum. Wenn er so weitermacht, sieht er aus wie ein Paviane auf dem Felsen im Kölner Zoo, dachte ich so bei mir. Dies traf dann auch ein. Dr. Laub verschrieb ihm eine Penaten-Dose, die er die nächsten Tage an seinen Allerwertesten binden sollte. Das sah vielleicht aus. Mit jeder Bewegung rieb sich der Hintern automatisch mit der Crème ein.
Nachdem ich mich erholt hatte, ging ich an Deck etwas spazieren. Plötzlich hörte ich unregelmäßige Schritte hinter mir. Ich drehte

mich um. Es kam ein etwas kleinerer Mann auf mich zu.

„Vorsicht, der Postbote kommt!"

„Postbote? Es gibt einen Postboten an Bord? Ich dachte man muß seine Post an der Rezeption abholen."

„Bestimmte Gäste brauchen das nicht. Sie haben doch diese Reise gewonnen, nicht wahr? Sie bekommen Ihre Post von mir gebracht. Wenn ich mich vorstellen darf, ich bin der Schiffspostbote A. Hab."

In diesem Moment kam ein leichtes Gefühl von Seekrankheit bei mir auf.

„Geht es Ihnen nicht gut?"

„Um ehrlich zu sein, ja. Das Schiff liegt extrem schief und …"

„Wie kommen Sie denn darauf?"

„Sie stehen zum Horizont nicht im rechten Winkel."

„Der Schein trügt. Das Schiff liegt nicht mit Schieflage auf dem Wasser. Ich bin es, der Schieflage hat. Mein rechtes Bein ist 15 Zentimeter kürzer als das linke. Sie können sich also wieder beruhigen."

„Danke. Jetzt geht es mir schon wieder besser. Haben Sie Post für mich?"

„Leider nicht. Ich muß jetzt weiter. Wir sehen uns."

Er humpelte seines Weges.

Ich setzte meinen Spaziergang fort. Da traf ich auf einen Matrosen.

„Sie können nicht hier entlang gehen."

„Wieso nicht?"

„Sehen Sie denn nicht, dass ich hier arbeite?"

„Das können Sie ja ruhig. Ich werde Sie nicht aufhalten. Ich will nur hier entlangschlendern."

„Sie können hier nicht entlangschlendern. Ich schrubbe nämlich das Deck. Dieser Teil des Decks ist solange gesperrt."

„Sie haben aber nur einen Holzstiel hier stehen. Der Wischmop fehlt am Holzstiel. Wie wollen Sie denn damit den Boden schrubben?"

„Das Problem ist schnell gelöst." Der Mann fasste sich dabei an seinen Haaransatz und zog sich sein Fell vom Kopf.

„Ich bin ein Matrose mit integriertem Wischmop. Mit meinem Mop bringe ich wieder Glanz auf das Parkett. Wenn ich fertig bin, wird der Mop hier an der Reling luftgetrocknet. Die daraus resultierende Frisur ist der letzte Schrei."

„Sozusagen 2 in 1. Es ist Ihr Arbeitsgerät und abends werden Sie dadurch zum Womanizer."

Ich ging den Weg wieder zurück.

Der Tag verlief dann ganz ruhig.

Am Abend ließ ich mal die Sau raus. Der Tiger in mir schrie förmlich danach.

Ich war wie ausgewechselt. Um zwei Uhr in der Nacht war dann Schluß. In sechs Stunden war ja

auch noch ein Tag. Die Augen fielen mir sofort
zu.

Kapitel 11

Die wenigen Stunden Schlaf hatten mir richtig gut getan. Ich ging gerade durch den Empfangsbereich, als ich zwei Gestalten bemerkte. Ich kannte beide nicht. Der Bartträger sprach andauernd auf den anderen ein.

„So einen wortkargen Menschen habe ich noch nie gesehen. Eine Miene verziehst Du auch nicht. Aber ich knacke jeden. Paß mal auf! Wie nennt man das Schamhaar eines Zwerges? Zwergfell."

Ich konnte mich nicht halten vor lachen. Mir schossen Tränen in die Augen, als hätte ich Zwiebeln hinter meinen Augäpfeln angebracht. Der wortkarge Mann reagierte aber nicht darauf. Nicht einmal eine Wimper zuckte. Ich ging zu den beiden Figuren, um zu vermitteln.

„Guten Tag. Kann ich helfen?"

„Guten Tag. Ich heiße S. Pieth. Ich bin Privatdetektiv."

„Und Sie sind?"

„Mae govannen. Ich bin der elbische Sicherheitsoffizier hier an Bord. Mein Name ist Jogilas aus Bruchsee."

„Warum ignorieren Sie Herrn Pieth?"

„Dieser Herr belästigt mich schon die ganze Reise über. Er kann froh sein, dass ich ihn noch nicht mit meinem Bogen bekämpft habe."

„Jetzt hast Du aber eine große Klappe, Jüngchen. Du schmierst Dir wohl zum Frühstück Killerwale aufs Brot. Wissen Sie, ich bin wegen eines Falles an Bord und ich bitte schon seit Tagen diesen Bruchseejünger um Hilfe. Er aber meint, dass geht ihn nichts an. Die Sicherheit sei nicht gefährdet.

Ich sehe schon, ich komme hier nicht weiter. Sie entschuldigen mich, bitte."

Der Privatdetektiv verschwand kopfschüttelnd. Ich verabschiedete mich vom elbischen Sicherheitsoffizier und suchte nach einer Beschäftigung für mich.

Eine Gruppe italienischer Urlauber strömte mir entgegen und ich musste aufpassen, dass ich nicht von ihnen mitgerissen wurde. Doch so sehr ich auch aufpasste, ich wurde niedergestoßen. Allerdings nicht von den Italienern. Ich wurde von hinten über den Haufen gerannt. Ich sah nur einen Schatten, der katzengleich in der Menge verschwand. Ruckzuck war ich wieder auf den Beinen. Ich wusste, dass dies die gleiche Person war wie jene, die mich am ersten Tag der Reise angerempelt hatte. Diesmal sollte sie mir nicht entwischen.

Der Flur gabelte sich vor mir. Was sollte ich tun? Ich entschied mich mit dem linken Bein dem linken Gang und mit dem rechten Bein dem rechten Gang zu folgen. Weder auf der einen

Strecke noch auf der anderen konnte ich ihn erwischen. Nach drei Minuten vereinigten sich beide Gänge wieder, so dass ich mit beiden Beinen Vollgas geben konnte.

Ich hatte den Schatten aus den Augen verloren. An einer Kreuzung traf ich auf eine Frau. Sie las gerade am schwarzen Brett. Ich fragte sie, ob sie jemanden gesehen hätte. Sie drehte eines ihrer Augen zu mir und sagte, dass eben ein Mann in großer Hast hier vorbeigekommen wäre. Er war rechts abgebogen. Ich rannte wie der Teufel weiter. Zimmer flogen an mir vorbei. Er konnte sich doch nicht in Luft aufgelöst haben. Ich wollte gerade an Zimmer 7645,98 vorbeihechten, als ich ein Schnaufen vernahm. Es hörte sich wie eine *Adler* an. Die konnte wohl kaum an Bord sein. Vorsichtig näherte ich mich dem Zimmer. Mein Puls raste. Was mochte hinter dieser Tür sein? Ich hatte schon von so vielen schrecklichen Sachen gehört. Aliens, Serienmörder oder vielleicht sogar Playboy Mike mit der Frau. Ich drehte vorsichtig den Knauf der Tür, doch sie ließ sich nicht öffnen. Trotzdem war etwas dahinter. Ich konnte es spüren. Es nahm Verbindung zu mir auf. Um Himmels Willen es war in meinem Kopf

Verschwinde, solange Du noch kannst. Du weißt gar nicht, auf was Du Dich da einlässt. Nichts und niemand wird sich mir in den Weg stellen.

Flieh kleiner Urlauber, solange Du noch kannst.
Hat Mami Dir nicht gesagt, Du sollst nicht mit
den großen Kindern spielen?
Die Stimme war so schnell verschwunden, wie
sie gekommen war. Was für einen Müll musste
ich mir anhören.
Ich mußte in das Zimmer.
Unbedingt.

Kapitel 12

Zum Glück hatte ich vom letzten Mittagessen einen Zahnstocher aufbewahrt. Vorsichtig führte ich ihn ins Schlüsselloch ein. Mit feinmotoriger Eleganz bearbeitete ich den Zylinder.

Klack. Das Schloß sprang auf. Langsam öffnete ich die Tür. Im Zimmer war es schwarz wie die Nacht. Mein Blick schweifte durch das dunkle Nichts.

Doch was war das?

In der einen Richtung konnte ich zwei helle Flecken sehen, die in der Luft zu schweben schienen. Im ersten Augenblick überkam mich ein kaltes Schauern. Sollte ich in die Fänge eines Dämons geraten sein oder vielleicht sogar in die des Teufels. Doch dann verschwanden die Nebelschwaden der Angst und machten der Vernunft Platz. Es mussten Augen sein, die das einfallende Licht des Flures reflektierten. Sofort übernahm das rationale Denken die Kontrolle. Mir fiel ein, dass der Einfallswinkel gleich dem Reflexionswinkel ist. Einfallender Strahl, Einfallslot und reflektierter Strahl liegen in einer Ebene. Über diese Komponenten konnte ich die Größe und das Geschlecht der Person errechnen, die dort im Raum stand. Es musste sich dabei um

einen Mann von einer Größe von ca. 175 cm
handeln.

Meine Hand suchte nach dem Lichtschalter. Ah,
da war er ja. Licht füllte den Raum.

Da stand also der Mann, dem ich gefolgt war.
Verlegen lächelte er und richtete sein grün-
weißes Piratentuch. Auf den ersten Blick wirkte
er wie der nette Junge von neben an.

„Sagen Sie mir bitte, aus welchem Grund Sie
mich umgerannt haben! Schon am ersten Tag
haben Sie mir Ihren Ellenbogen in die Rippen
gerammt. Habe ich Ihnen etwas getan?"

„Paß auf Du Schwein. Du weißt genau, was Du
mir angetan hast."

„So? Was denn?"

„Du hast mich verpfiffen. Ich bin nur noch auf
der Flucht. Das verdanke ich Dir ganz alleine."

„Wer sind Sie denn?"

„Sein Name ist Ricke", hörte ich eine Stimme
hinter mir sagen.

Langsam drehte ich mich um. Da stand
Privatdetektiv Pieth.

„Vielen Dank, dass Sie mir geholfen haben.
Endlich kann ich den Gauner den Behörden
übergeben. Auf ihn ist nämlich eine hohe Prämie
ausgesetzt worden. Er wird international
gesucht."

„Aber wie kommen Sie darauf, dass ich Sie
verpfiffen habe?"

„Weil Sie zum falschen Zeitpunkt am falschen Ort waren."

Die Stimme kam mir auch bekannt vor. Und tatsächlich, Jogilas, der elbische Sicherheitsoffizier, betrat den Raum.

„Mae govannen. Er hat Ihnen vor einigen Wochen am Neumarkt ein Ticket für diese Kreuzfahrt zu einem Preis von 7500 Euro angeboten. Sie hatten jedoch schon ein Ticket gewonnen und somit dankend abgelehnt. Einige Tage später ist ihm einer unserer Beschatter aufgefallen. Er verdächtigte sofort Sie, der Polizei einen Tipp gegeben zu haben.

Da er vollkommen auf Sie konzentriert war, konnten wir uns unauffällig wieder an seine Fersen heften."

„Aber was ist daran so schlimm, Kreuzfahrt-tickets zu verkaufen?"

„Nun er hat sie zu einem günstigen Preis auf seinen Namen gekauft, um sie dann zu überhöhten Preisen auf dem Schwarzmarkt verkaufen wollen. Das geht nicht."

„Ich verstehe Herr Jogilas."

„Sie glauben doch nicht wirklich, dass dieser Mann Jogilas heißt und ein elbischer Sicherheitsoffizier ist, oder?" Verwirrt schaute ich Herrn Pieth an.

„Wer ist er dann?"

In diesem Moment zog sich Jogilas die Maske vom Gesicht. „Es ist Miss Piggy", sagte Pieth. Tatsächlich, zum Vorschein kam Miss Piggy.

„Woher wussten Sie das, Herr Pieth?"

„Sie glauben doch nicht, dass dies Herr Pieth ist", grunzte Miss Piggy.

„Wer soll es sonst sein?"

„Es ist Kermit der Frosch, oink oink."

Als Pieth sich die Maske vom Gesicht zog, kam Kermit der Frosch zum Vorschein. Die Verwirrung war perfekt. Ich hatte das Gefühl, ein D-Zug hätte mich überrollt. Eben noch unterhielt ich mich ganz normal mit einem Ganoven, einem Privatdetektiv und einem Elben und jetzt stand ich vor zwei Vorbildern aus meiner Kinderzeit.

Kapitel 13

„Applaus, Applaus, Applaus", schrie Kermit,
„und zu meiner Linken sehen sie die liebreizende
Miss Piggy."
„Ich faß es nicht. Wieso jagt Ihr diesen
Tickethändler namens Ricke?"
„Sie glauben doch nicht, dass dieser Mann Ricke
heißt und Tickethändler ist, oder?"
Beide schauten mich fragend an.
„Wer soll es denn sonst sein?"
Kermit ging zu Herrn Ricke rüber und zog ihm
die Maske vom Gesicht.
„Er ist Räuber Hotzenplotz. Wir sind schon seit
Jahren hinter ihm her. Er wird von der
internationalen Geschichtenpolizei wegen
Hinterziehung von X-Akten gesucht. Die
Spezialagenten Mulch und Lully waren nicht in
der Lage, ihn zu überführen. Deswegen wurden
wir auf ihn angesetzt. Da auf X-Akten-
Hinterziehung im Märchenland keine Strafe steht
sondern nur eine Verwarnung, haben wir ihn
dazu verleitet, auf dem Schwarzmarkt tätig zu
werden. In Eurer Welt kann er somit
rechtskräftig verurteilt werden."
Sie bedankten sich bei mir für meine ungewollte
Hilfe und führten Räuber Hotzenplotz ab.

Ich war noch immer etwas neben der Spur. Was war da eigentlich gerade passiert? Kermit, Miss Piggy, Räuber Hotzenplotz? Irre.

Darauf musste ich erst mal in die Teestube gehen und mir einen Beutel Hagebutten-Tee reinziehen. Nach der fünfzehnten Tasse war ich völlig relaxed. Ich war ins Hagebuttenland eingetaucht. Hier war alles aus Hagebutte. Das Haus, das Bett, die restliche Einrichtung, der Garten, ja sogar die Bewohner dieser fremden Welt. Die Tage waren voller Freude und Gelassenheit. In den Familien wurden Gesellschaftsspiele gespielt wie „Hagebutte ärgere dich nicht", „Fang die Hagebutte", „In 80 Tagen um die Hagebutte", „Hagebuttopoly" und „Hagebutten-Versenken". An manchen Tagen las ich ein Buch nach dem anderen. Western wie „Hagebutte I, Hagebutte II und Hagebutte III" verschlang ich.

Krimis und Thriller wie „Das Geheimnis der gelben Hagebutten", „Die Hagebutte mit der Maske", „Der grüne Hagebuttenschütze" und „Das schweigen der Hagebutten" fesselten mich viele Nächte.

Und erst die Musik. Songs wie „Who wants to be a Hagebutte", „In the Hagebutte", „ Fly me to the Hagebutte", "Rock me Hagebutte", "10 kleine Hagebutten …", "Mit Hagebutte bin ich dein Prinz" und "Born in the Hagebutte" gaben ein besonderes Lebensgefühl.

Die Kinofilme „Good morning, Hagebutte", „Die Hagebutte auf dem heißen Blechdach",
„Hagebutte II- Judgement day" und „Hagebutte Surprise – Der Samen" waren waren Meilensteine der Filmgeschichte.

Eine friedliche und heile Welt.

Doch es zogen dunkle Wolken am Himmel des Hagebuttenlandes auf.

Vor vielen Jahrhunderten wurden Vitamine für die großen Obstkontinente geschaffen. Fünf gingen an den Beerenobstkontinent, vier an den Kernobstkontinent und drei an den Schalenobstkontinent.

Ein Vitamin wurde für das Pflaumenland auf dem Steinobstkontinent geschaffen. Ein Vitamin um sie alle zu Mus zu machen. Zwetschge, der Herrscher des Pflaumenlandes, formte eine Geleearmee. Land um Land nahm diese schreckliche Armee ein. Die Länder der Beeren-, Kern- und Schalenobstkontinente wurden zu Verbündeten und zogen nach Gervais Obstgarten zur alles entscheidenden Schlacht.

Am Anfang sah es gut aus für die Alliierten. Doch dann griff Zwetschge persönlich in die Schlacht ein. Er war so stark wie hunderttausend seiner Krieger. Das Blatt wendete sich.

Zwetschge war kurz davor König Schwartau zu töten, als Prinz Nusspli ihm sein Vitamin klaute. Zwetschge verlor die Macht, die das Vitamin ihm verlieh. Der dunkle Herrscher wurde in eine andere Dimension katapultiert.

Nun lag es an Nusspli das Vitamin zu vernichten, damit es nicht mehr in die falschen Hände gelangen würde. Er musste es im Milchreis-See versenken. Nur dort konnte es vernichtet werden. In den Fluten der Milch und in den Strömungen der Reiskörner würde es sich auflösen. Also machte sich Nusspli mit seinen Mannen auf den Weg ins Müllerland zum Milchreis-See.

Doch das Vitamin hatte seinen eigenen Willen und so kam es, dass Nusspli es verlor. Der Prinz war davon überzeugt, dass das Vitamin für alle Zeiten verloren war und somit keine Gefahr mehr bestand. Doch das Schicksal ging eigene Wege.

Kapitel 14

Die Jahrzehnte gingen ins Land. Das Vitamin
war vergessen. Doch eines Tages machte es sich
daran, in die Welt zurückzukehren. Es sorgte
dafür, dass es gefunden wurde. Das Wesen, das
es aus dem Fluß fischte, hieß Knoppers. Er
nannte es „Mein Vitamin". Jahrzehnte blieb es
bei ihm. Es vergiftete seine Füllung und sorgte
dafür, dass Knoppers Haltbarkeitsdatum nicht
ablief. Das Vitamin wollte jedoch wieder zu
seinem Herrn. Es spürte wieder seine Präsenz. So
verließ es Knoppers. Es landete im Rucksack von
Raider. Das Vitamin ergriff Besitz von ihm. Das
Gute in Raider erlosch. Er nannte sich ab sofort
Twix. Er brachte das Vitamin zurück zu seinem
Herrn. Dieser war immer noch in der anderen
Dimension gefangen, aber seine Macht wurde
wieder stärker.
Der Zauberer Zitrus der Gelbe kam ins
Hagebuttenland. Er war auf der Suche nach
Freiwilligen, die bereit waren, mit ihm nach
Pflaumenland zu reiten. Nur die kleine
Hagebutte Fridolin meldete sich. Ich konnte die
beiden Idioten doch nicht alleine ziehen lassen.
Also packte ich meinen Rucksack und schloß
mich ihnen an.

Langsam ließ die Wirkung des Hagebutten-Tees nach. Die Realität hatte mich wieder. Ich versprach dem Teestubenbesitzer, dass ich bald wieder reinschauen würde.

Ich ging Richtung Bug des Schiffes. Dabei kam ich an verschiedenen Räumen vorbei, in denen den Passagieren Diavorträge präsentiert wurden. Vor einem stand jedoch eine Traube von Menschen. Hier ging es zu Sache.

„Einen wunderschönen guten Abend. Mein Name ist Udo Ede Falter und ich darf Sie herzlich willkommen heißen bei einer neuen Ausgabe von <<*Schlau vorbei*>>.“

Ich kämpfte mich durch die Massen. Endlich konnte ich etwas sehen. Es sah aus wie bei einer Fernsehaufzeichnung.

„Ich stelle Ihnen kurz das Rateteam vor. Von links nach rechts: Oli v. Drinnen, Maik Plastefka, Thomas Gans, Holger Morning und Patrick Buchecker. Ich habe hier wieder eine Menge Fragen und ich glaube, heute werdet Ihr es schwer haben. Die erste Frage kommt von Elfi aus List, das liegt auf Sylt. Und Elfi ist heute Abend hier im Publikum. Wo sitzen Sie? Ah ‚da. Sie haben eine sehr schöne Frage. Ich drücke Ihnen alle Daumen, die ich habe. Hier kommt die Frage für Euch: Was ist ein *Long Dong*?“

Ein Raunen ging durchs Publikum.

Oli: „Wie bitte? Können Sie die Frage noch einmal stellen?"

Falter: „Für Sie doch immer. Was ist ein *Long Dong*?

Patrick: „Also ich bin der Kirche."

Falter: „Ich dachte, wir sind auf einem Schiff."

Patrick: „Sie belieben zu scherzen. Bei mir entsteht der Eindruck, dass es sich dabei um einen Klöppel handelt, der in einer Glocke pendelt, die wiederum in einer Kirche läutet. Dieser Klöppel scheint sehr lang zu sein, deswegen auch „long". Vermutlich kann man damit ganz bestimmte Glockentöne erzeugen."

Falter: „Falsch."

Thomas: „Vielleicht ist das ja ein Begriff aus dem Karneval. Durch zu hohen Alkoholgenuß setzt das Gehirn aus, wie bei einer Gehirnerschütterung. Man hat den bekannten Filmriß, der ziemlich lange andauert. Geht es ungefähr in die Richtung?"

Falter: „Überhaupt nicht. Klar am Ziel vorbeigeschossen."

Oli: „Ist es ein hebräischer Begriff?"

Falter: „Wie bitte? Was"

Oli: „Herr Falter, stellen Sie sich nicht so blöd, sie haben mich schon verstanden."

Falter: „Erstens, es ist kein hebräischer Begriff und zweitens stelle ich mich blöd wann und wo ich will."

Maik: „Hehe, ich weiß die Antwort. Es gibt in den USA einen Spruch, der geht so: I bang bang, my ding ding in your dong dong Mary Lou. Also handelt es sich hier um das dong von Mary Lou. Richtige Antwort meine Freunde. Fünfhundert Euro für mich. Nächste Frage."

Falter: „Eine falsche Erklärung, aber es kommt der Sache schon langsam näher."

Kapitel 15

Holger: „Mensch, da krieg ich einen Krampf im Vorderflügel. Im Sexualkundeunterricht auf der Schule war ich immer ganz vorne dabei. Nicht umsonst nannte man mich den Dänen mit dem großen Schuh. Ist Sexualkunde das richtige Stichwort?"

Oli: „Oh, lecker Fi …"

Falter: „Mit Sexualkunde hat es definitiv nicht zu tun."

Oli: „Long klingt ziemlich englisch."

Falter: „Englisch ist gar nicht mal so schlecht."

Oli: „Ha, habt Ihr gehört? Englisch. Wir sind dran. Jetzt schaut Euch den alten Quizmaster an. Da schlottern bei ihm die Ohrläppchen."

Patrick: „Long heißt auf deutsch lang. Es scheint sich also um ein langes Dong zu handeln. Was könnte also ein Dong sein? Und wenn es ein langes Dong gibt, dann gibt es auch ein kurzes Dong."

Falter: „Ihr seid auf dem richtigen Weg, aber ich muß schon wissen, was ein Dong ist, sonst kann ich das nicht gelten lassen. Zwei Versuche gebe ich Euch noch."

Oli: „Los, Köpfe zusammenstecken."

Thomas: „Hat es was mit Don Quichotte zu tun?"

Falter: „Nein. Ein Versuch noch."

Oli: „Na toll, Herr Gans. Ich sage Köpfe zusammenstecken, und Sie machen einen Alleingang. Wir reden die ganze Zeit von Dong, und Sie kommen mit Don. Außerdem hat es was mit Englisch zu tun."

Thomas: „Ich wollte eben auch mal was sagen. Jetzt könnt Ihr den Rest machen."

Patrick: „Laßt uns nochmals zusammentragen, was wir schon wissen. Wir haben ein *Long*, ein *Dong* und es hat etwas mit Englisch zu tun. War einer von Euch schon mal in England?"

Thomas: „Ich war schon mal in London. Dort gab es zwar *Cleopatra's Needle*, *Big Ben* und *Queen Mary's Gardens*, aber an *Long Dong* kann ich mich nicht erinnern."

Oli: „Falter hat ja gefragt, was <u>ein</u> *Long Dong* ist. Vielleicht handelt es sich dabei um eine Maßeinheit so wie *ein Meter*."

Holger: „Vielleicht entsteht ein *Long Dong* durch die Vaporisation zweier Lazzarone, die durch die Kontumaz der Deifikation bei einer Adiarkus utilisieren. Dabei kommt es bei ausreichender Orade zu einer Evasion. Durch gezielte Diplakusis und Nephrektomie erhält man eine Huka, aus der dann der *Long Dong* entsteht."

Maik: „Was soll das heißen?"

Holger: „Ich habe keine Ahnung."

Oli: „Ich habe den leisen Verdacht, dass wir im Tierreich sind. Es könnte in Kisuaheli die Bezeichnung für den Rüssel eines Elefanten sein. Übersetzt heißt es soviel wie „langer Schlauch".
Falter: „Könnt Ihr Euch mal zu einer Antwort durchringen?"
Patrick: „Nur keine Hektik, Herr Falter. Das ist in Ihrem Alter nicht gut für das Herz. Wir müssen nur noch abstimmen. Also Leute, wer ist für die Antwort von Holger? Keiner? Nun gut. Wer ist für die Antworten von Oli? Wunderbar. Eine einstimmige Entscheidung. Oli gib Deine Antwort!"
Oli: „Welche denn?"
Patrick: „Nochmals abstimmen, Jungs. Wer ist für die Maßeinheit? Der Thomas. Der Rest ist dann wohl für den Elefantenrüssel."
Oli: „Wir sagen, dass ein *Long Dong* die Bezeichnung eines Rüssels in Kisuaheli ist."
Falter: „Das ist nicht richtig. Tut mir traurig. Ein *Long Dong* ist eine Skulptur, die als Wasserspender fungiert. Dabei dient das beste Stück als Wasserhahn."
Oli: „Und was hat das mit Englisch zu tun?"
Falter: „Der einzige *Long Dong* der Welt steht im *Englischen Garten* von München."
Maik: „Jungejungejungejungejungejunge…"

Kapitel 16

Patrick: „Sie haben uns absichtlich in die Irre geführt.

Falter: „Ich weiß und Elfi hat 500 Euro gewonnen. Marilyn bringt es Ihnen.

Wenn Sie auch so schöne Fragen haben, dann schicken Sie diese an uns. Einfach eine Postkarte an <<Schlau vorbei>> oder eine E-Mail an fragen@schlauvorbei.de.

Hier kommt die nächste Frage. Gestellt wird sie von D. aus Ittsche, das liegt bei Hamburg. Herr D. möchte wissen, was ein *reiner Fernsehtitan* ist."

Holger: „Ist F.E.R.N.S.E.H.T.I.T.A.N. eine Abkürzung für etwas?"

Falter: „Für was könnte es denn stehen?"

Holger: „ Für Engländer riechen Nutten süß, ebenso haben Tommys ihre Tüten am Nubbel."

Falter: „Nein, es ist keine Abkürzung."

Maik: „Dann bin ich bei …"

Ich machte mich wieder auf den Weg. Diese neuen Sendungen sind nichts für mich. Ich schaue mir lieber solche Sachen wie *Ich trage einen großen Namen*, *Ruck Zuck* und *Das Bibelquiz* an.

Ich machte mich auf zur Schiffsbibliothek. Vielleicht würde ich dort ein gutes Buch lesen können.

Doch ich sollte nicht so weit kommen. Denn plötzlich nahm ich einen ohrenbetäubenden Lärm war, und das Schiff fing an zu schwanken. Es kam mir wie eine halbe Ewigkeit vor. Menschen flogen durch die Gegend. Die Schiffsdekoration fiel von den Wänden. Teile davon wurden zu gefährlichen Geschossen. Nach gefühlten zehn Minuten war alles vorbei. Was war nur geschehen?

Die Menschen in meiner näheren Umgebung waren leicht verletzt. Wir wurden als nächstes mit einem schrillen Klingeln konfrontiert. Für mich stand fest, dass es sich hierbei nur um die Alarmbimmel handeln konnte. Die Lage schien ernst zu sein. Ich machte mich sofort auf den Weg zur Brücke, um ein ernstes Wort mit Kapitän Holz zu sprechen. Außer Atem kam ich dort an. Erst herrschte dort Hektik. Bei diesem Durcheinander war es für mich schwer, den Kapitän zu finden.

„Kapitän, wo sind Sie?"

„Hier bin ich."

„Was ist denn passiert? Jetzt sagen Sie mir nicht, wir sind mit einem Eisberg zusammengestoßen."

„Für wie inkompetent halten Sie uns denn?
Natürlich nicht. Wir sind auf ein Meeresgebirge
aufgelaufen."

„Wie konnte das denn passieren?"

„Wir haben unseren Kurs durch den
„Routenplaner 2004" berechnen lassen.
Allerdings scheint darin dieses Gebirge nicht
verzeichnet zu sein."

„Wann können wir uns denn aus dieser Situation
befreien und die Reise fortsetzen?"

„Reise fortsetzen? Dieses Schiff wird sinken.
Wir müssen die Evakuierung einleiten."

Da machte der 1. Offizier schon eine Durchsage
an die Passagiere.

„Sehr geehrte Passagiere! Wir sind mit unserem
Schiff auf ein Gebirge im Meer aufgelaufen.
Damit haben wir unsere endgültige Parkposition
eingenommen. Aus Sicherheitsgründen müssen
Sie das Schiff verlassen. Bitte begeben Sie sich
zu den Notausgängen und folgen Sie den
Instruktionen des Bordpersonals. Ich hoffe, Sie
hatten dennoch bis jetzt eine angenehme Reise.
Wir würden uns freuen, Sie auf einem unserer
Schiffe bald wieder begrüßen zu dürfen."

Die Passagiere applaudierten.

„Was jetzt, Herr Holz?"

„Ich habe eine Bitte an Sie. Die Bordtelefone
sind ausgefallen. Gehen Sie bitte zum Funkraum.

Der Funker soll ein Notsignal absetzen. Ich
hoffe, Sie wissen diese Ehre zu schätzen."
„Wo ist denn der Funkraum?"
„Herr Hab wird sie dort hinbringen."

Kapitel 17

Ich folgte Herrn Hab. Wir rannten über den Flur Richtung Haupttreppe. Es war natürlich unheimlich schwer durch die aufgebrachte Menge sich durchzukämpfen. Panik war in den Augen der Menschen geschrieben. An einem Notausgang musste der Mann vom Bordpersonal mit entschiedener Stimme die Menschen beruhigen.

„Meine Damen und Herren, jetzt nur keine Panik. Bitte tragen Sie sich an dieser Liste aus. Gehen Sie ruhigen Schrittes zu den Rettungsbooten und denken Sie bitte daran <<Jeder nur ein Rettungsboot>>. Beachten Sie bitte, dass die Rettungsboote jeweils an einer Kette angebracht sind. Halten Sie also einen Euro bereit und stecken Sie ihn in die dafür vorgesehen Apparatur an der Kette. Dann gehört das Boot Ihnen und Sie können ablegen."

Hab und ich rannten weiter. Wir durften keine unnötige Zeit verlieren. Wir kamen dann zur Haupttreppe. Wir mussten 6 Etagen nach unten. Herr Hab war so schnell, dass ich ihn fast aus den Augen verlor. Bei diesem Treppenlauf mussten wir immer Rechtskurven laufen. Das war für ihn vom Vorteil, da sein rechtes Bein ja kürzer war als sein linkes. Er konnte sich somit optimal in die Kurven legen. Er mutete schon fast wie ein ICE mit Neigetechnik an.

Am Ende der Treppe angekommen, mussten wir noch eine lange Gerade bis zum Funkraum laufen. Diese Gerade lag mir besser. Außerdem rannte er auf Grund seines Rechtsdralls (wir erinnern uns, das zu kurze rechte Bein) alle fünf Schritte gegen die Wand des Flures. So konnte ich Herrn Hab einholen. In Rekordzeit kamen wir am Funkraum an. Der Funker wollte mich schon des Raumes verweisen, doch ich wies ihn darauf hin, dass ich der Sondergesandte des Kapitäns wäre. Ich klärte ihn über die Situation auf.

Er setzte erst einmal ein SOS ab. Dann wollte er noch einen Seenotdienst alarmieren.

„Gert Klüngel am Apparat."

„Kanzler, ich begrüße Sie. Es dreht sich um folgendes … Ich befinde mich auf einem Kreuzfahrtschiff, das absaufen wird. Jetzt dachte ich, Sie könnten uns vielleicht helfen."

„Was für ein Kreuzfahrtschiff?"

„Das auf dem ich bin. Passen Sie mal auf! Sie können doch Ihre Rettungsflotte mal losschicken."

„Welche Rettungsflotte? Hier ist Gert Klüngel, ich bin Geschäftsführer im Phantasyland. Das ist ein Vergnügungspark. Sie haben sich wohl verwählt."

„Nein, guter Mann. Ich bin da schon richtig. Sie haben doch diese Wildwasserbahn, oder?"

„Das stimmt."

„Auf der Wildwasserbahn fahren doch so eine Art Boote. Ich bitte Sie also, dass Sie mit Ihrer Bootsflotte auslaufen. Über den Rhein gelangen Sie in die Nordsee, von dort geht es dann in den Atlantik, dann durch den Panamakanal hindurch und schon sind sie im Pazifik. Dann können Sie uns auch schon nicht mehr verfehlen. Wann kann ich mit Ihnen rechnen?"

„Ich soll mit den Booten der Wildwasserbahn in See stechen und Sie retten? Habe ich das richtig verstanden?

„Richtiiisch."

Das konnte ich mir nicht weiter anhören. Selbst ist der Mann. Es war nur noch eine Frage der Zeit, bis das Schiff endgültig untergehen würde. Ich rannte an die Reling, schnappte mir einen Rettungsring und sprang ins kühle Naß. Stunde über Stunde trieb ich im Meer, bis ich das Bewusstsein verlor.

Ich weiß nicht, wie lange ich ohne Bewusstsein war.

Als ich jedoch wach wurde, lag ich am Strand einer kleinen Insel.

Ich baute mir eine kleine Hütte.

Früchte und Fische gibt es genügend hier. Sogar Süßwasser habe ich hier gefunden.

Vermutlich sitze ich seit Wochen auf dieser Insel
fest. Ich habe jegliches Zeitgefühl verloren und
damit begonnen, meine Erlebnisse
aufzuschreiben. In regelmäßigen Abständen
schicke ich sie dann in einer ausgehöhlten Frucht
übers Meer.
Noch habe ich die Hoffnung nicht verloren, dass
jemand die Briefe findet.
Leider weiß ich überhaupt nicht, auf welcher
Insel ich mich befinden könnte.
Ich weiß nur, dass ich der einzige Mensch auf
diesem Sandhaufen bin. Ebenso weiß ich nicht,
wie es den restlichen Passagieren und der
Bordcrew ergangen ist.
Mir geht es gut.

Ende

Herstellung und Verlag:
Books on Demand GmbH, Norderstedt
ISBN 978-3-8370-9095-6